Die Größten Invasionen

Der

Mexikanischen Drogen kartelle

Ryan Chavez

INHALTSVERZEICHNIS

EINFÜHRUNG

Die Bedrohung durch das Drogenkartell in Mexiko

Die Drogenkartelle sind seit Jahrzehnten der mächtigste Feind Mexikos. Sie haben die soziale Struktur des Landes zerstört, die Regierung geschwächt und eine blutige Spur hinterlassen. Diese kriminellen Gruppen, die oft als „Kartelle" bezeichnet werden, haben sich zu einigen der mächtigsten und bekanntesten Organisationen in Mexiko entwickelt, da sie Strategien anwenden, die von Zwangskontrolle bis hin zur offenen Invasion von Territorien reichen.

Mit Hilfe von „Die größten Invasionen der mexikanischen Drogenkartelle" reisen wir tief in den Krieg hinein, der zur Entstehung des heutigen Mexikos beigetragen hat. Dieses Buch befasst sich eingehend mit den Hintergründen, Taktiken und Auswirkungen der berüchtigtsten Drogenkartelle, die in das Land eingedrungen sind und seine Gesellschaft, Wirtschaft und sein Regierungssystem nachhaltig verändert haben.

Auf den folgenden Seiten werden wir die Entstehung und den Untergang von Kartellen wie Zetas, Sinaloa, Knights Templar und Jalisco New Generation erleben. Wir werden uns mit den blutigen Kriegen, kühnen Machtkämpfen und

Territorialstreitigkeiten befassen, die ihre Vergangenheit geprägt haben. Wir werden die Ereignisse sehen, die Mexiko bis ins Mark erschütterten, von den blutigen Straßen von Ciudad Juárez bis zu den luxuriösen Villen von Culiacán.

Doch hinter dieser Geschichte steckt mehr als nur Streit und Gewalt. Wir werden uns auch damit befassen, wie widerstandsfähig das mexikanische Volk ist, was die Strafverfolgungsbehörden tun und wie der Drogenhandel international unterstützt wird. Wir untersuchen die sozioökonomischen Auswirkungen von Kartellaktivitäten und die Probleme, die entstehen, wenn kriminelle Banden einen großen Einfluss in einer Gemeinschaft haben.

Auf diesen Seiten wird das komplizierte Netz aus Kontrolle, Korruption und Überleben enthüllt, das die Welt der mexikanischen Drogenkartelle definiert. Wir sprechen über den anhaltenden Konflikt zwischen Kartellen und der Regierung sowie über die Initiativen, ihre Macht zu schwächen.

Der Dokumentarfilm „Die größten Invasionen der mexikanischen Drogenkartelle" erinnert letztlich an die Komplexität dieses Themas und den Bedarf an gründlichem Wissen. Es ist ein Appell, den Ernst der Lage anzuerkennen, Lehren aus der Vergangenheit zu ziehen und Pläne für die Zukunft Mexikos zu schmieden, die das Land sicherer und wohlhabender machen.

Begleiten Sie mich auf unserer Erkundungstour durch eine beunruhigende, aber auch faszinierende Periode der mexikanischen Geschichte, die weiterhin die Gegenwart und Zukunft des Landes beeinflusst.

KAPITEL 1

Die gewagten Machtspiele des Zetas-Kartells

Nur wenige Namen in der langen Geschichte der mexikanischen Drogenkartelle rufen so viel Furcht und Interesse hervor wie die Zetas. Dieses Kapitel untersucht die Ursprünge des Zetas-Kartells sowie seine Entwicklung und die gewagten Machtmanöver, die zu seinem Ruf in der kriminellen Unterwelt Mexikos beitrugen.

Quellen und Entstehung

Es stellte sich heraus, dass eine Gruppe von Elite-Militärangehörigen die Quelle des Zetas-Kartells war, was ziemlich überraschend war. Dieses Spezialteam bestand aus ehemaligen Angehörigen der Spezialeinheiten des mexikanischen Militärs und wurde ursprünglich als Durchsetzungsarm des Golfkartells gegründet. Ihr taktisches Geschick, ihre Disziplin und ihr Training legten den Grundstein für eine der furchterregendsten kriminellen Organisationen Mexikos.

Zur Prominenz aufsteigen

Das Zetas-Kartell baute schnell seine Vormachtstellung auf, da es durch eine Reihe strategischer und rücksichtsloser Schritte immer stärker wurde. Ihre Strategie war von einem beispiellosen Ausmaß an Gewalt geprägt, das sowohl Gegner als auch Gemeinschaften in Angst und Schrecken versetzte. Sie verwendeten Strategien wie Enthauptungen, Massenhinrichtungen und Machtmanöver, die ihre völlige Missachtung der Autorität demonstrierten.

Konfrontationen mit der Autorität

Die Zetas waren insofern einzigartig, als sie bereit waren, es direkt mit rivalisierenden Kartellen und der mexikanischen Regierung aufzunehmen. In ihrem Streben nach Vorherrschaft führten sie häufig gewalttätige Territorialkonflikte, die sich über ganze Territorien erstreckten. Ihre eklatanten Angriffe auf Militär-, Strafverfolgungs- und

Regierungsmitarbeiter hatten das Ziel, die Autorität und Kontrolle des Staates zu untergraben.

Invasion anderer Länder

Das Zetas-Kartell hat die Idee einer „Invasion" auf ein neues Niveau gehoben. Indem sie aggressiv in das Territorium konkurrierender Kartelle vordrangen, annektierten sie praktisch ganze Regionen und vergrößerten deren Macht. Dank dieser Taktik konnten sie ihre Kontrolle über wichtige Routen des Drogenhandels festigen.

Auswirkungen auf Mexiko

Kühne Machtzüge der Zetas lösten eine Welle des Blutvergießens aus, die sich über ganz Mexiko ausbreitete. Die Gemeinden befanden sich ständig in einem Zustand des Terrors, da die Präsenz des Kartells das normale Leben behinderte. Durch die Ausübung von Druck und Einschüchterung wurde die Nation dauerhaft geschädigt, was erhebliche soziale, wirtschaftliche und politische Auswirkungen hatte.

KAPITEL 2

Strategien zur Dominanz und Expansion des Sinaloa-Kartells

In der Geschichte der mexikanischen Drogenkartelle, die einem ständigen Wandel unterworfen war, haben nur wenige Organisationen ein so starkes Ausmaß an Dominanz und Einfluss ausgeübt wie das Sinaloa-Kartell. In diesem Kapitel werden die Entwicklung des Sinaloa-Kartells, seine Wachstumspläne und die Strategien untersucht, die ihm geholfen haben, ein wichtiger Akteur in der Welt der organisierten Kartells zu werden Verbrechen.

Erste Aktivitäten und Ursprünge

In den weiten Ebenen des Bundesstaates Sinaloa, in denen seit langem Drogen angebaut werden, entstand erstmals das Sinaloa-Kartell. Unter der Leitung von Joaqun „El Chapo" Guzmán entwickelte sich aus einem losen Netzwerk von Menschenhändlern eine engmaschige Organisation. Die frühen Aktivitäten des Kartells konzentrierten sich auf den Drogenschmuggel über die Grenze zwischen den Vereinigten Staaten und Mexiko, insbesondere in die Vereinigten Staaten.

El Chapos Vorahnung

Das Sinaloa-Kartell setzte unter der Leitung von El Chapo eine Strategie um, die der horizontalen Integration Priorität einräumte. Im Gegensatz zu bestimmten anderen Kartellen versuchte das Sinaloa-Kartell, mit zahlreichen kriminellen Organisationen zusammenzuarbeiten, anstatt sie auszurotten. Durch diese Strategie konnten sie ein beträchtliches Netzwerk von Partnern aufbauen, was wiederum die Stärke und den Einfluss des Kartells steigerte.

Geografische Expansion

Das Sinaloa-Kartell verfolgte einen diversifizierten Wachstumsansatz. Dazu gehörte die Ausweitung seines Einflusses in ganz Mexiko und im Ausland sowie die Beibehaltung der Kontrolle über die eigene Region. Die Beziehungen des Kartells und die Unterstützung korrupter Beamter halfen ihm, in neue Gebiete vorzudringen. Dies gab ihnen die Möglichkeit, wichtige Routen des Drogenhandels zu übernehmen und eine Präsenz in unerschlossenen Gebieten aufzubauen.

Gewalt unter Kontrolle

Im Gegensatz zu einigen seiner gewalttätigeren Rivalen zog es das Sinaloa-Kartell vor, ein gewisses Maß an Kontrolle über seine Gewaltanwendung zu behalten. El Chapo war sich der Notwendigkeit bewusst, das Massaker zu begrenzen, um ungerechtfertigte Aufmerksamkeit der Strafverfolgungsbehörden zu verhindern. Dank dieses strategischen Ansatzes konnte das Kartell in den von ihm kontrollierten Gebieten eine gewisse Stabilität bewahren.

Korruption und Infiltration

Die Fähigkeit des Sinaloa-Kartells, in Strafverfolgungsbehörden, Regierungsinstitutionen und andere wichtige Sektoren einzudringen, war ein entscheidender Aspekt seiner Macht. Das Kartell sorgte dafür, dass seine Aktivitäten kaum beeinträchtigt wurden, indem es Korruption ausnutzte. Die Kontrolle des Kartells über seine Beteiligungen wurde durch diese Invasion weiter gestärkt.

Wirtschaftliche Implikationen

Die wirtschaftlichen Auswirkungen des Sinaloa-Kartells gingen über den Drogenhandel hinaus. Es beteiligte sich an Geldwäsche und anderen illegalen Operationen und kontrollierte gleichzeitig einen beträchtlichen Teil des mexikanischen Drogenhandels. Dieser enorme Reichtum verschaffte dem Kartell die Möglichkeit, seine Operationen auszuweiten, seine Macht aufrechtzuerhalten und die Hingabe eines Netzwerks von Verbündeten zu gewinnen.

KAPITEL 3

Die Herausforderung des Kartells der Tempelritter an die Autorität

Das Tempelritterkartell ist eine einzigartige und rätselhafte Kraft in der komplexen Welt der mexikanischen Drogenbanden. In diesem Kapitel werden der Aufstieg der Tempelritter, ihre Rebellion gegen die herrschende Klasse und der einzigartige Stil krimineller Aktivitäten untersucht, der sie von ihren Zeitgenossen unterscheidet.

Ideologie und Entstehung

Aus der Asche des La Familia Michoacana-Kartells entstand das Tempelritter-Kartell, das sich zunächst als „Selbstverteidigungsorganisation" präsentierte. Indem sie sich nach den Tempelrittern nannten, einem christlichen Orden aus dem Mittelalter, verliehen sie sich einen Hauch von Ritterlichkeit und Rechtschaffenheit. Diese symbolische Entscheidung wurde durch eine verdrehte Weltanschauung gestützt, die kriminelle Absichten mit religiösem Eifer vermischte.

Territoriale Ausbeutung und Kontrolle

Im Gegensatz zu anderen Kartellen, die sich hauptsächlich auf den Drogenhandel konzentrierten, weiteten die Tempelritter ihren Tätigkeitsbereich aus, um ein breiteres Spektrum illegaler Aktivitäten einzubeziehen. Neben der Kontrolle der Drogenversorgungswege kontrollierten sie auch Erpressung, illegalen Bergbau und andere illegale Aktivitäten. Aufgrund ihrer vielfältigen Strategie konnten sie Ressourcen aus den von ihnen kontrollierten Gebieten ernten.

Konfrontation mit der Autorität

Die mexikanische Regierung sowie konkurrierende Kartelle wurden von den Tempelrittern mutig herausgefordert. Sie nutzten harte Taktiken, um ihre Dominanz zu demonstrieren, darunter öffentliche Tötungen und das Hinterlassen grausiger Warnungen an Rivalen. Ihr Ziel war es, mehr als nur eine kriminelle Organisation zu werden, indem sie de facto die Herrscher der von ihnen regierten Gebiete wurden.

Auswirkungen auf Gemeinschaften

Die Bemühungen der Tempelritter, den Respekt und die Loyalität der örtlichen Bevölkerung zu gewinnen, waren ein besonderes Merkmal ihrer Operationen. Sie vermarkteten sich als Wächter und boten Dienste wie Sicherheit und Infrastrukturverbesserungen an, die die Regierung häufig nicht bereitstellte. Dank dieser Taktik konnten sie ihre kriminellen Aktivitäten fortsetzen und gleichzeitig eine Fassade der Legitimität aufrechterhalten.

Korruption und Infiltration

Die Tempelritter waren wie andere Kartelle hervorragend darin, Regierungsorganisationen und Strafverfolgungsbehörden zu infiltrieren. Aufgrund des entscheidenden Wissens, das ihnen diese Korruption vermittelte, konnten sie sich der Gefangennahme entziehen und ihre Operationen fortsetzen. Sie konnten das System auch zu ihrem Vorteil ausnutzen, was ihre Machtposition stärkte.

Interner Konflikt und Niedergang

Die hochfliegenden Pläne des Tempelritter-Kartells führten letztlich zu inneren Unruhen und Zwietracht.

Als es zu Aktionen kam, nahm die Gewalt innerhalb der Organisation zu. Der Untergang des Kartells wurde durch diesen internen Konflikt sowie durch Regierungsinitiativen zur Schwächung seines Einflusses beeinflusst. Der entschlossene Widerstand gegen die Herausforderung der Autorität durch die Tempelritter führte zu ihrem stetigen Verfall.

KAPITEL 4

Der schnelle Aufstieg des Jalisco-Kartells der neuen Generation zur Macht

Das Jalisco New Generation Cartel (CJNG) hat sich in der dynamischen Welt der mexikanischen Drogenbanden zu einer gewaltigen Macht entwickelt. In diesem Kapitel werden der schnelle

Aufstieg der CJNG zur Macht, ihre Methoden zur Übernahme der Kontrolle und die weitreichenden Auswirkungen untersucht, die sie auf die kriminelle Unterwelt Mexikos hatte.

Führung und Fundament

Das Milenio-Kartell, das sich Ende der 2000er Jahre auflöste, diente als Ursprung des CJNG. Die CJNG wurde von Nemesio Oseguera Cervantes, im Volksmund als „El Mencho" bekannt, mit der Absicht gegründet, eine wichtige Kraft im mexikanischen Drogenhandel zu werden. El Menchos Wildheit und Führung würden für die schnelle Expansion des Kartells von entscheidender Bedeutung sein.

Kriege um Territorium und Expansion

Das CJNG verfolgt seit seiner Gründung einen aggressiven Expansionsplan. Das Kartell übernahm schnell die Kontrolle über wichtige Routen des Drogenhandels und begann mit anderen Organisationen um die Vorherrschaft zu konkurrieren. Ihre Bereitschaft, sich auf bösartige Territorialkonflikte einzulassen, zeigte, wie entschlossen sie waren, einen beträchtlichen Teil des illegalen Drogenhandels Mexikos an sich zu reißen.

Hochkomplexe Operationen

Das CJNG zeichnet sich durch seine Expertise in den Bereichen Logistik, Technologie und globale Verbindungen aus. Das Kartell nutzte modernste Kommunikationstechnologien und modernste Waffen, um seine Aktivitäten zu organisieren. Dank seiner Flexibilität bei der Anpassung an neue Kommunikations- und Transportformen konnte es sich einen Wettbewerbsvorteil sichern.

Probleme mit Autoritäten und Rivalen

Konfrontationen mit anderen Kartellen und der mexikanischen Regierung prägten die Entstehung des CJNG. Hochrangige Behörden, Strafverfolgungsbehörden und Konkurrenten gerieten ins Visier des Kartells, das mit Gewalt seine Kontrolle erlangte. Die CJNG geriet häufig in gewalttätige Auseinandersetzungen mit den Behörden und hinterließ einen großen Schaden.

Globale Reichweite

Im Gegensatz zu vielen anderen früheren Kartellen zeigte das CJNG die Bereitschaft, sich über die Grenzen Mexikos hinaus auszubreiten. Der Einfluss des Kartells breitete sich auf Europa, die Vereinigten Staaten und andere Regionen Lateinamerikas aus. Ihre globalen Verbindungen ermöglichten es Netzwerken zur Arzneimittelabgabe, Kontinente zu durchqueren.

Wirtschaftlicher Einfluss und Macht

Der schnelle Aufstieg der CJNG verschaffte ihnen enormen wirtschaftlichen Einfluss. Sie weiteten ihre kriminellen Aktivitäten aus und beteiligten sich an Entführungen, Erpressungen und anderen illegalen Verbrechen. Dank ihrer finanziellen Macht konnten sie Einfluss auf Regierungsbeamte nehmen und ihren Einfluss ausweiten.

KAPITEL 5

Die berüchtigte Schlacht von Culiacán

Nur wenige Vorfälle in der Geschichte der mexikanischen Drogenkartelle haben so großes internationales Interesse erregt wie die Schlacht von Culiacán. Die dramatische und ungewöhnliche

Konfrontation zwischen den Strafverfolgungsbehörden und dem Sinaloa-Kartell in der Stadt Culiacán wird in diesem Kapitel erneut aufgegriffen, um ihre Bedeutung und die Auswirkungen, die sie auf die kriminelle Unterwelt Mexikos hat, zu diskutieren.

Kontext und Hintergrund

Die Bemühungen der mexikanischen Regierung, Ovidio Guzmán López, einen der Söhne von Joaqun „El Chapo" Guzmán, festzunehmen, führten direkt zur Schlacht von Culiacán, die im Oktober [Jahr] stattfand. Die Operation war Teil eines größeren Versuchs, das Sinaloa-Kartell zu stürzen, das lange Zeit die kriminelle Unterwelt Mexikos beherrscht hatte.

Extreme Konfrontation

Ovidio Guzmán wurde von Regierungsbehörden angegriffen und das Sinaloa-Kartell reagierte mit außerordentlicher Heftigkeit. Eine Welle der Gewalt wurde durch eine Reihe geplanter Angriffe und Straßenblockaden von Kartellmitgliedern rund um Culiacán ausgelöst. Sowohl die Bevölkerung als auch die Regierung waren von der schieren Größe und Heftigkeit der Konfrontation überrascht.

Behörden in der Krise

Der Vorfall in Culiacán warf ein ernstes Rätsel für die mexikanische Regierung auf. Nachdem die Behörden Zeuge der heftigen Reaktion des Kartells geworden waren, entschieden sie sich in einem beispiellosen Schritt für die Freilassung von Ovidio Guzmán, um ein weiteres Gemetzel zu verhindern. Diese Aktion warf Fragen hinsichtlich der Fähigkeit der Regierung auf, angesichts des Kartellwiderstands für Ordnung und Recht zu sorgen.

Starke Show des Kartells

Die Schlacht von Culiacán war ein öffentliches Spektakel, das die kühne Macht des Sinaloa-Kartells demonstrierte und außerdem ein Konflikt zwischen Strafverfolgungsbehörden und einer kriminellen Organisation war. Die Fähigkeit des Kartells, Ressourcen zu mobilisieren, Ärger zu schüren und die Freilassung eines seiner Anführer zu erreichen, zeigte, wie mächtig es in der Region war.

Auswirkungen und Folgen

Die Folgen des Konflikts lösten Bedenken hinsichtlich der Taktik und Fähigkeit der Regierung aus, erfolgreich gegen die organisierte Kriminalität vorzugehen. Einige Leute betrachteten die Freilassung von Ovidio Guzmán als Zeichen der Schwäche, während andere es für einen klugen Schachzug hielten, um zukünftige Opfer zu verhindern. Die Katastrophe zwang die Nation, den

St. zu bewertenates Fähigkeit, mit der Hartnäckigkeit der Kartelle umzugehen.

Die Schlacht von Culiacán markiert einen Wendepunkt in der Geschichte der mexikanischen Drogenkartelle und löste Selbstbeobachtung und Rufe nach Reformen aus. Strafverfolgung, öffentliches Image und Regierungspolitik waren alle betroffen, was die komplexen Machtverhältnisse zwischen Kartellen und dem Staat zeigt.

KAPITEL 6

Rivalität zwischen Kartell Jalisco New Generation und Sinaloa-Kartell

Die Rivalität zwischen dem Kartell Jalisco New Generation (CJNG) und dem Sinaloa-Kartell kennzeichnet ein neues Zeitalter des Konflikts auf dem sich ständig verändernden Schachbrett der mexikanischen Drogenkartelllandschaft. In diesem Kapitel werden die strategischen Manöver, geografischen Konflikte und Auswirkungen der eskalierenden Rivalität der beiden großen Kartelle auf die kriminelle Unterwelt Mexikos untersucht.

Entstehung des Konflikts

Es war unvermeidlich, dass das CJNG mit dem Sinaloa-Kartell in Kontakt kam, als es an Bedeutung gewann und an Bedeutung gewann. Beide Kartelle konkurrierten erbittert um die Kontrolle lukrativer Drogenhandelsrouten, was den Weg für einen Konflikt ebnete, der von Territorialstreitigkeiten geprägt war. Das kriminelle Umfeld in Mexiko würde sich durch diesen gigantischen Kampf für immer verändern.

Machtspiele und Strategien

Der Konflikt zwischen dem CJNG und dem Sinaloa-Kartell verschärfte sich aufgrund ihrer anhaltenden Machtkämpfe. Jedes Kartell konkurrierte darum, das andere auszutricksen, um die Kontrolle über wichtige Routen für den Drogenhandel zu erlangen und seinen jeweiligen Einflussbereich auszuweiten. Diese Strategien führten häufig zu blutigen Auseinandersetzungen und einer Zunahme der Grausamkeit im Kampf um die Vorherrschaft.

Der Konflikt um Jalisco

Jalisco, der Heimatstaat der CJNG, wurde zum Zentrum des Streits, als beide Kartelle um die Kontrolle über diese lebenswichtige Region kämpften. Bei den darauffolgenden Kämpfen kam es zu beispielloser Gewalt, die verheerende Schäden in den umliegenden Gemeinden anrichtete und die Fähigkeit der Regierung, den Frieden aufrechtzuerhalten, auf die Probe stellte. Es wurde unermüdlich nach Macht gesucht, und die Ergebnisse waren für die Region katastrophal.

Auswirkungen auf das kriminelle Umfeld Mexikos

Über ihren direkten Konflikt hinaus hat der Wettbewerb zwischen der CJNG und dem Sinaloa-Kartell weitreichende Auswirkungen. Andere Kartelle waren gezwungen, sich im Kampf um die Macht an die veränderte Dynamik anzupassen, was zu Veränderungen in Allianzen, Taktiken und Territorien führte. Durch diesen Kaskadeneffekt veränderte sich die Machtverteilung zwischen zahlreichen kriminellen Organisationen.

Regierungsmaßnahmen und Unterdrückung

Aufgrund der wachsenden Konkurrenz ging die mexikanische Regierung entschiedener gegen beide Kartelle vor. Die Strafverfolgungsinitiativen konzentrierten sich auf die Zerstörung ihrer

Organisationsstrukturen, die Störung ihrer Arbeitsabläufe und die Konzentration auf ihre Geldnetzwerke. Diese Bemühungen wurden jedoch durch die Flüchtigkeit und Anpassungsfähigkeit der Kartelle behindert.

Allianzen und Strategien verändern

Als der Konflikt andauerte, änderten beide Kartelle ihre Taktik. Das Sinaloa-Kartell hingegen wollte seine frühere Dominanz zurückgewinnen, während die CJNG ihre Bemühungen fortsetzte, im Ausland zu wachsen. Um Kartellbewegungen vorherzusehen und zu vereiteln, wurden die Strafverfolgungsbehörden durch die ständig wechselnden Allianzen und Machtverhältnisse auf Trab gehalten.

Der Konflikt zwischen der CJNG und dem Sinaloa-Kartell ist ein Beweis dafür, wie dynamisch und kompliziert das mexikanische Drogenkartellsystem ist. Es beleuchtet den strategischen Scharfsinn, die

Hartnäckigkeit und die Entschlossenheit verschiedener krimineller Organisationen, die um die Vorherrschaft konkurrieren und die Machtdynamik in der kriminellen Unterwelt Mexikos nachhaltig verändern.

KAPITEL 7

Repression durch die Regierung und zunehmende Gewalt

Die anhaltende Geschichte der mexikanischen Drogenkartelle zeigt, dass die Versuche der Regierung, die organisierte Kriminalität zu bekämpfen, sowohl erfolgreich als auch schwierig waren. In diesem Kapitel werden die zahlreichen

Taktiken untersucht, die die mexikanische Regierung zur Bekämpfung der Drogenkartelle eingesetzt hat, sowie das zunehmende Blutvergießen, das diesen langwierigen Konflikt kennzeichnet.

Initiativen zur Militarisierung und Strafverfolgung

Die mexikanische Regierung hat eine Reihe militarisierter Maßnahmen ergriffen, um den hegemonialen Einfluss der Drogenkartelle zu schwächen. Um die Führung des Kartells zu enthaupten, Vermögenswerte zu beschlagnahmen und Operationen zu verhindern, wurden an mehreren Orten gemeinsame Militär- und Polizeieinsätze eingeleitet. Diese Maßnahmen kündigten einen Wandel im Kampf gegen die organisierte Kriminalität hin zu energischeren Methoden an.

Erfolge und Misserfolge

Die Bemühungen der Regierung zur Bekämpfung von Drogenkartellen brachten gemischte Ergebnisse. Obwohl bestimmte bemerkenswerte Verhaftungen und Verurteilungen als Erfolge gefeiert wurden, führte die tief verwurzelte Kartellkontrolle häufig zu Misserfolgen. Kartelle nutzten ihre reichlich vorhandenen Ressourcen, um die Kontrolle über das Territorium zu behalten und einer Gefangennahme zu entgehen, während sie sich gleichzeitig an die Taktiken der Strafverfolgungsbehörden anpassten.

Zunehmende Gewalt

Als Drogenkartelle gegen die Einmischung der Regierung und rivalisierender Fraktionen reagierten, nahm die Gewalt zu, während gleichzeitig hart gegen die Organisationen vorgegangen wurde. Die Gemeinschaften gerieten ins Kreuzfeuer der Schlagabtausche,

Die Zahl der Todesopfer nahm zu. Die Gewalt stellte nicht nur ein großes Hindernis für die Strafverfolgung dar, sondern hatte auch schwerwiegende soziale und wirtschaftliche Auswirkungen.

Sorge um die Menschenrechte

Die Besorgnis über Menschenrechtsverletzungen und Todesfälle unter der Zivilbevölkerung nahm zu, als die Regierung ihre Kampagne gegen Drogenbanden intensivierte. Nach Berichten über außergerichtliche Morde, Vermisstenfälle und unverhältnismäßige Gewaltanwendung wurden Bedenken hinsichtlich der Taktik der Sicherheitskräfte geäußert. Die mexikanische Regierung steht nun vor der schwierigen Aufgabe, ein Gleichgewicht zwischen dem Bedürfnis nach Sicherheit und der Wahrung der Grundrechte zu finden.

Auswirkungen auf Gemeinschaften

Gemeinden in ganz Mexiko wurden durch die eskalierende Gewalt und das Vorgehen der Regierung zerstört. Bei Kartellkonflikten und staatlichen Durchsetzungsmaßnahmen gerieten immer wieder unschuldige Unbeteiligte ins Fadenkreuz. In vielen vom Konflikt betroffenen Gebieten waren Vertreibung, Angst und Trauma weit verbreitet.

Anpassungsstrategien

Als Reaktion auf die Komplexität des Drogenkartellproblems änderte die mexikanische Regierung im Laufe der Zeit ihre Taktik. Der Schwerpunkt der Bemühungen verlagerte sich auf die Lösung grundlegender sozioökonomischer Probleme, die den Kartelleinfluss und die Rekrutierung begünstigten. Diese umfassendere Strategie zielt darauf ab, benachteiligten Gruppen alternative Alternativen zu bieten und die Attraktivität kriminellen Verhaltens zu verringern.

Wie komplex dieser vielschichtige Konflikt ist, zeigt der anhaltende Kampf der Regierung gegen Drogenkartelle. Obwohl der Verlauf des Konflikts von Siegen und Rückschlägen bestimmt wurde, stehen die Auswirkungen auf die Gemeinschaften und das Wohlergehen des Landes weiterhin im Mittelpunkt. Wir erfahren mehr über das komplexe Zusammenspiel von Macht, Brutalität und dem Streben nach Gerechtigkeit im mexikanischen Kampf gegen die organisierte Kriminalität, während wir uns durch diese historische Periode bewegen.

KAPITEL 8

Internationale Verbindungen und Drogenhandelsrouten

Die globale Reichweite der Operationen des Drogenkartells und die komplizierten Handelsrouten, die sie aufbauen, sind entscheidende Faktoren im vernetzten Universum dieser Organisationen. In diesem Kapitel werden das ausgedehnte Netzwerk von Drogenhandelskanälen untersucht, das sich über Kontinente erstreckt, sowie die globalen Verbindungen, die die mexikanischen Drogenkartelle unterhalten.

Globale Reichweite mexikanischer Kartelle

Mexikanische Drogenkartelle haben Verbindungen, die weit über die Grenzen Mexikos hinausgehen und über nationale Grenzen hinausgehen. Diese Organisationen haben Allianzen mit kriminellen Organisationen geschmiedet, die in einer Reihe von Ländern tätig sind, was ihnen Zugang zu neuen Märkten, die Möglichkeit gibt, Vorläuferchemikalien zu beschaffen und Vertriebssysteme aufzubauen.

Joint Ventures und Allianzen

Kriminelle Gruppen in anderen Ländern, darunter in den Vereinigten Staaten, Kolumbien und mittelamerikanischen Ländern, haben Partnerschaften mit Kartellen wie dem CJNG und dem Sinaloa-Kartell geschlossen. Durch diese Partnerschaften können die Kartelle das Wissen und die Vermögenswerte ihrer Verbündeten nutzen, was den Handel mit Drogen und anderen illegalen Waren erleichtert.

Transportwege

Aufgrund seiner vorteilhaften geografischen Lage ist Mexiko ein wichtiger Umschlagplatz für den Drogenhandel. Diesen Vorteil haben Kartelle ausgenutzt, die nun illegale Drogen über ein großes Netz von Land-, See- und Luftwegen transportieren. Aus Südamerika kommende Medikamente gelangen häufig über Mittelamerika nach Mexiko, von wo aus sie in die USA und in andere Länder verschifft werden.

Infiltration und Korruption

Korruption und Infiltration tragen häufig dazu bei, dass mexikanische Kartelle ihren weltweiten Einfluss ausbauen. Kartelle haben Wege gefunden, über Identifizierungs- und Durchsetzungsverfahren hinauszugehen, indem sie unter anderem die Loyalität von Regierungsangestellten erkaufen und Strafverfolgungsbeamte bezahlen. Ihre Kontrolle über die Wege des Drogenhandels wird durch dieses skrupellose Netzwerk noch weiter gefestigt.

Finanznetzwerke und Geldwäsche

Einnahmen aus dem Drogenhandel werden häufig in den komplizierten Finanzsystemen der Welt verborgen. Kartelle investieren in legitime Unternehmen, Immobilien und andere Vermögenswerte, was es schwierig macht, ihr illegal erworbenes Vermögen aufzuspüren und einzusammeln. Die Dauerhaftigkeit und Widerstandsfähigkeit der Aktivitäten der Kartelle werden durch diese Finanznetzwerke unterstützt.

Globaler Effekt

Die Auswirkungen der globalen Verflechtung der mexikanischen Drogenkartelle sind weitreichend. Drogenmissbrauch, Sucht und Gewalt sind Folgen des Drogenflusses auf internationale Märkte. Darüber hinaus werden die enormen Einnahmen aus diesen Operationen zur Finanzierung zusätzlicher krimineller Aktivitäten verwendet, was die sozialen und Sicherheitsprobleme in zahlreichen Ländern verschärft.

Wir erfahren mehr über die Neigung der Kartelle, sich auf globaler Ebene anzupassen, zu kooperieren und Schwachstellen zu finden, wenn wir tiefer in das komplexe Geflecht internationaler Beziehungen und Drogentransportkanäle eintauchen. Um die vielfältige Bedrohung durch mexikanische Drogenkartelle wirksam bekämpfen zu können, ist internationale Zusammenarbeit notwendig, wie in diesem Kapitel hervorgehoben wird.

KAPITEL 9

Sozi Oökonomische Auswirkungen der Kartellaktivität

Abgesehen von den Schlagzeilen über Konflikte und Blutvergießen hatten die Aktionen der mexikanischen Drogenbanden erhebliche makroökonomische Auswirkungen. In diesem Kapitel werden die weitreichenden Auswirkungen untersucht, die Kartellaktivitäten auf mexikanische Viertel, die Wirtschaft und das soziale Gefüge haben.

Untergrabung von Institutionen und Regierungsführung

Der Einfluss von Kartellen untergräbt häufig die Grundlagen von Recht und Ordnung. Korrupte Behörden, die unter der Herrschaft der Kartelle stehen, versäumen es, das Gesetz einzuhalten, grundlegende Dienstleistungen bereitzustellen oder die Sicherheit aufrechtzuerhalten. Durch diesen Verlust an institutionellem Vertrauen werden Gemeinschaften anfälliger für Kartellkontrolle, was auch zu einem Gefühl der Gesetzlosigkeit führt.

Wirtschaftliche Abhängigkeit und Störung

Die lokale Wirtschaft wird durch Kartellaktivitäten auf vielfältige Weise geschädigt. Unternehmen werden durch Erpressung und Gewalt abgeschreckt, was den wirtschaftlichen Fortschritt behindert. Einige Gemeinschaften werden zunehmend von Kartellaktivitäten abhängig und wenden sich auf der Suche nach Arbeit und Einnahmen an den Drogenhandel, wenn es nicht viele legitime Möglichkeiten gibt.

Zwangs- und Vertriebenenmigration

Da sich die Kartellgewalt verschlimmert, sind viele Menschen und Familien gezwungen, ihre Heimat zu verlassen und werden entweder zu Binnenvertriebenen oder suchen im Ausland Schutz. Diese Entwurzelung schürt einen instabilen Kreislauf und verschärft die Probleme der Gemeinschaften, die im Kreuzfeuer von Kartellkriegen geraten.

Zusammenhalt der Gemeinschaft und das soziale Gefüge

Das soziale Gefüge von Gemeinschaften kann sich verschlechtern, wenn Kartelle vorhanden sind. Durch Angst, Misstrauen und die Normalisierung von Gewalt können soziale Bindungen beschädigt und etablierte Normen durcheinander gebracht werden. Dies wirkt sich nachhaltig auf die psychische Gesundheit, die Familienstrukturen und die soziale Dynamik aus.

Auswirkungen auf Rekrutierung und Jugend

Schwache Jugendliche werden häufig von Kartellen ausgenutzt, die ihnen ein Gefühl von Orientierung, Gemeinschaft und Stabilität vermitteln. Junge Menschen können von dem Versprechen auf schnelles Geld und Status gefährlich angezogen werden, was den Kreislauf von Gewalt und Kartellrekrutierung anheizt.

Minderungsstrategien

Die sozioökonomischen Auswirkungen von Kartellaktivitäten müssen durch eine vielschichtige Strategie angegangen werden. Um Vertrauen und Widerstandsfähigkeit wiederherzustellen, müssen Armut und Chancenlosigkeit bekämpft, in Bildung und Berufsausbildung investiert und gesellschaftliches Engagement gefördert werden.

Sorge um die Menschenrechte

Die sozioökonomischen Schwierigkeiten, mit denen die betroffenen Gemeinden konfrontiert sind, werden durch Menschenrechtsverletzungen verschärft, die häufig mit Kartellaktivitäten einhergehen, darunter Zwangsrekrutierung, Entführungen und Erpressung. Der Schutz der Menschenrechte muss bei einer umfassenden Reaktion oberste Priorität haben, zusammen mit der Berücksichtigung der weiterreichenden Auswirkungen.

Unsere Untersuchung der komplexen Auswirkungen von Kartellaktivitäten auf die Gesellschaft und Wirtschaft Mexikos macht deutlich, dass zur Bekämpfung des Problems mehr als nur Strafverfolgung erforderlich ist. Der Aufbau einer sichereren und wohlhabenderen Zukunft für Mexiko erfordert eine umfassende Strategie, die die zugrunde liegenden Ursachen der Kartelldominanz bekämpft und betroffenen Gemeinden hilft.

KAPITEL 10

Bemühungen und Pläne, die Invasion des Drogenkartells zu stoppen

Strafverfolgungsbehörden, staatliche Stellen und die Zivilgesellschaft haben kontinuierlich versucht, das Eindringen und den Einfluss dieser kriminellen Organisationen zu vereiteln. In diesem Kapitel werden die verschiedenen Initiativen und Pläne zur Bekämpfung der Kartelle und zum Schutz der mexikanischen Gemeinschaften untersucht.

Konsolidierung der Strafverfolgung

Zur besseren Bekämpfung von Kartellen wurden bei den Strafverfolgungsbehörden erhebliche Änderungen vorgenommen. Das Ziel spezialisierter Einheiten, Methoden zum Informationsaustausch und Schulungsprogrammen besteht darin, Polizisten mit dem Wissen und den Werkzeugen auszustatten, die sie zur wirksamen Bekämpfung der organisierten Kriminalität benötigen.

Abschaltung gezielter Operationen und Führung

Eine wichtige Taktik waren gezielte Operationen, die darauf abzielten, Kartellführer zu verhaften oder zu entfernen. Aufsehen erregende Verhaftungen und Verurteilungen destabilisieren die Führungs- und Betriebsstrukturen der Kartelle. Aufgrund der Anpassungsfähigkeit dieser Organisationen ist es jedoch häufig zeit- und arbeitsaufwändig, ihren Einfluss zu reduzieren.

Engagement und Stärkung der Gemeinschaft

Es ist wichtig, die lokalen Gemeinschaften in die Lage zu versetzen, Kartellkontrollen zu widerstehen. Programme zur Förderung des sozialen Zusammenhalts, Bürgerpatrouillen und Initiativen zur bürgernahen Polizeiarbeit tragen alle dazu bei, das Eindringen von Kartellen in Stadtteile zu verhindern. Gemeinschaften mit mehr Macht sind besser in der Lage, verdächtige Aktivitäten zu melden und illegale Aktivitäten abzulehnen.

Initiativen zur Korruptionsbekämpfung

Es ist von entscheidender Bedeutung, die Korruption in Regierung und Strafverfolgungsbehörden zu bekämpfen. Die Wiederherstellung des Vertrauens zwischen Gemeinschaften und denjenigen, die für die Aufrechterhaltung von Recht und Ordnung verantwortlich sind, wird durch Task Forces zur Korruptionsbekämpfung, Transparenzkampagnen und Systeme zur Rechenschaftspflicht von Behörden ermöglicht.

Alternativen für gefährdete Bevölkerungsgruppen

Eine proaktive Methode zur Verhinderung der Rekrutierung von Kartellen besteht darin, gefährdeten Bevölkerungsgruppen – insbesondere jungen Menschen – alternative Möglichkeiten anzubieten. Prog

Fördermaßnahmen für Bildung, Karriereentwicklung und Schaffung von Arbeitsplätzen lenken Menschen von kriminellen Aktivitäten ab und bieten ihnen den Weg zu einer erfolgreichen Beschäftigung.

Zusammenarbeit zwischen Nationen

Internationale Zusammenarbeit ist von entscheidender Bedeutung, da Kartelle transnationaler Natur sind. Die koordinierte Reaktion auf die organisierte Kriminalität wird durch Informationsaustausch, Kooperationseinsätze und Auslieferungen gestärkt. Kooperative Aktionen zerstören Finanznetzwerke und untergraben Drogenhandelswege.

Sicherheit und Menschenrechte müssen im Gleichgewicht sein.

Es ist von entscheidender Bedeutung, ein sorgfältiges Gleichgewicht zwischen dem Schutz der Sicherheit und der Wahrung der Menschenrechte zu finden. Bei der Bekämpfung von Kartellen müssen der Schutz der Bürger und die Einhaltung der Gesetze an erster Stelle stehen. Das Finden dieses Gleichgewichts gewährleistet, dass der Krieg gegen Kartelle fair und erfolgreich ist.

Wir erfahren mehr über die Komplexität dieses anhaltenden Konflikts, während wir die verschiedenen Taktiken untersuchen, mit denen das Eindringen von Drogenkartellen vereitelt wird. Die gemeinsamen Anstrengungen zahlreicher Interessengruppen sind von entscheidender Bedeutung, um Mexikos Entwicklung zu ändern und ein sichereres, widerstandsfähigeres Land aufzubauen, von Strafverfolgungsmaßnahmen bis hin zur Stärkung der Gemeinschaft.

ABSCHLUSS

Die Erkenntnisse und die zukünftige Richtung

Während wir unsere Untersuchung der größten Überfälle der mexikanischen Drogenbanden abschließen, entsteht ein Geflecht aus komplizierten Erzählungen. Die Geschichten über politische Streitereien, Blutvergießen und gesellschaftliche Auswirkungen haben einen Wandteppich geschaffen, der sowohl die Hartnäckigkeit des mexikanischen Volkes als auch die Schwierigkeiten zeigt, die das organisierte Verbrechen mit sich bringt.

Wir haben auf diesen Seiten die kühnen Machtzüge von Kartellen wie den Zetas, die strategische

Überlegenheit des Sinaloa-Kartells, die perverse Ideologie der Tempelritter und den schnellen Aufstieg des CJNG gesehen. Diese Kartelle, jedes mit seinen eigenen einzigartigen Merkmalen, haben die Geschichte Mexikos beeinflusst, indem sie ihre Spuren in seinen Gesellschaften, Volkswirtschaften und Regierungssystemen hinterlassen haben.

Das fragile Gleichgewicht zwischen staatlicher Autorität und Kartellopposition wurde in der Schlacht von Culiacán deutlich. Während die Behörden mit der komplexen Dynamik des Kartelleinflusses zu kämpfen haben, haben wir die Entwicklung staatlicher Maßnahmen vom Militär zur Beteiligung der Gemeinschaft miterlebt. Die Notwendigkeit einer internationalen Zusammenarbeit wurde durch die Bemühungen zur Bekämpfung der globalen Reichweite der Kartelle und der Auswirkungen, die sie auf Gemeinschaften haben, deutlich.

Wir haben Einblicke in die Stärke der mexikanischen Städte, die Widerstandsfähigkeit der

Menschen und die Entschlossenheit derjenigen erhalten, die inmitten der Geschichten von Gewalt und Zerstörung gegen die Macht der Kartelle kämpfen. Gemeinschaften haben sich zusammengeschlossen, und Programme zur Förderung von Selbstbestimmung, Bildung und anderen Beschäftigungsmöglichkeiten haben sich als vielversprechend erwiesen, um den Kreislauf der Kartellrekrutierung zu beenden.

Wenn wir zum Schluss kommen, werden wir daran erinnert, dass der Krieg gegen die Drogenkartelle andauert. Die historischen Lehren unterstreichen den Wert einer allumfassenden Strategie, die nicht nur die Strafverfolgung, sondern auch die sozioökonomischen Elemente abdeckt, die sich auf den Kartelleinfluss auswirken. Es ist immer noch schwierig, ein Gleichgewicht zwischen Sicherheit und Menschenrechten zu finden, aber dies ist für die Schaffung eines gerechten und stabilen Mexikos von entscheidender Bedeutung.

Für die Zukunft ist eine kontinuierliche Zusammenarbeit zwischen Strafverfolgungsbehörden, Regierungsstellen, der Zivilgesellschaft und internationalen Partnern erforderlich. Eine bessere Zukunft ist möglich, wenn alle zusammenarbeiten, um Finanznetzwerke zu zerstören, Drogenhandelsrouten zu blockieren und gefährdeten Gemeinschaften nachhaltige Alternativen zu bieten.

Letztendlich ist die Geschichte der mexikanischen Drogenkartelle ein Denkmal für die Stärke einer Nation und ihres Volkes und nicht nur ein Bericht über Invasion und Blutvergießen. Mexiko kann die Voraussetzungen für eine sicherere und erfolgreichere Zukunft schaffen, indem es die Vergangenheit anerkennt, Lehren daraus zieht und sich entschließt, in der Gegenwart ohne den Einfluss der organisierten Kriminalität zu leben.

Anmerkung des Verfassers

Ich fühle mich geehrt, diese Geschichten mit Ihnen teilen zu dürfen, während ich zum Abschluss dieser Reise durch die Geschichte der mexikanischen Drogenkartelle komme. Meine Absicht beim Verfassen dieses Buches war es, Licht auf die komplexe und vielfältige Natur der Probleme zu werfen, die die mexikanischen Drogenkartelle mit sich bringen.

Ich war beeindruckt von der Hartnäckigkeit und der beharrlichen Entschlossenheit des mexikanischen Volkes, den Schatten der organisierten Kriminalität während des gesamten Prozesses zu besiegen. Die Widerstandsfähigkeit und Stärke des menschlichen Geistes wird durch die Geschichten von Städten deutlich, die sich zusammenschließen, von

Polizeibehörden, die ihre Taktik ändern, und von Menschen, die sich für eine bessere Zukunft einsetzen.

Ich hoffe, Sie haben auch den Funken Optimismus und die Möglichkeit einer Veränderung bemerkt, obwohl die Geschichten über Blutvergießen und Machtkonflikte so düster sind. Ich glaube wirklich, dass wir den Weg für eine sicherere Zukunft Mexikos ebnen können, wenn wir die Komplexität der Vergangenheit begreifen.

Ich möchte denjenigen meinen Dank aussprechen, die ihre Gedanken beigesteuert haben, den Historikern, die diese Vorfälle akribisch aufgezeichnet haben, und den zahlreichen Menschen, die gegen die Macht der Drogenkartelle kämpfen. Ihre Erfahrungen und Initiativen haben den Grundstein für dieses Buch gelegt.

Ich erlaube Ihnen, zu betrügen

Betrachten Sie beim Umblättern die Lehren aus der Vergangenheit Mexikos und stellen Sie sich eine Welt ohne Kartelle vor, die über die Zukunft des Landes bestimmen. Möge diese Untersuchung Debatten, Bewegung und ein gemeinsames Engagement für die Schaffung einer besseren Zukunft für Mexiko und seine Menschen anregen.

Ich weiß es zu schätzen, dass Sie mitfahren.

Notiz

Notiz